まちごとアジア

Bangladesh 006 Mahasthan

モハスタン

「イスラム以前」を訪ねて

মহাস্থান

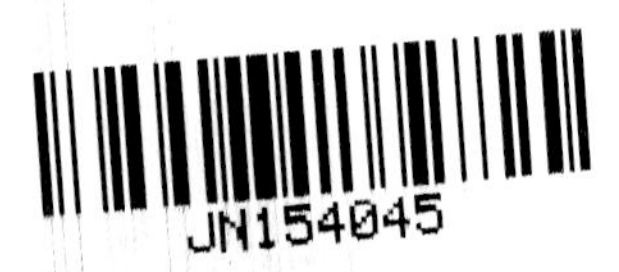

Asia City Guide Production

【白地図】バングラデシュ

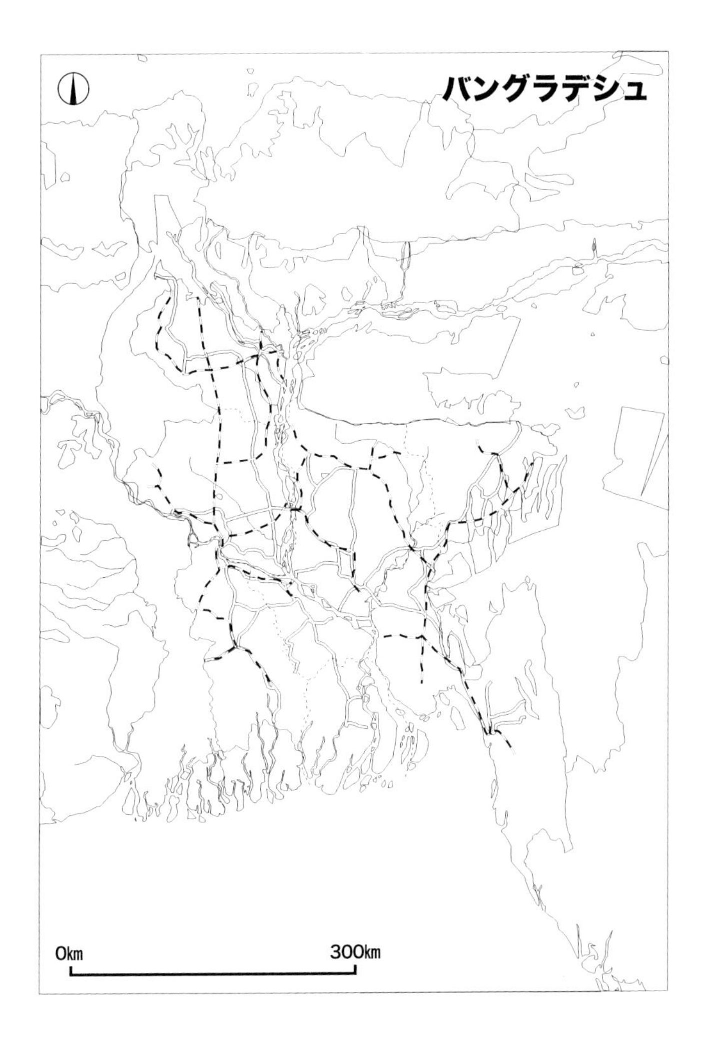
バングラデシュ
0km
300km

【白地図】バングラデシュ北西部

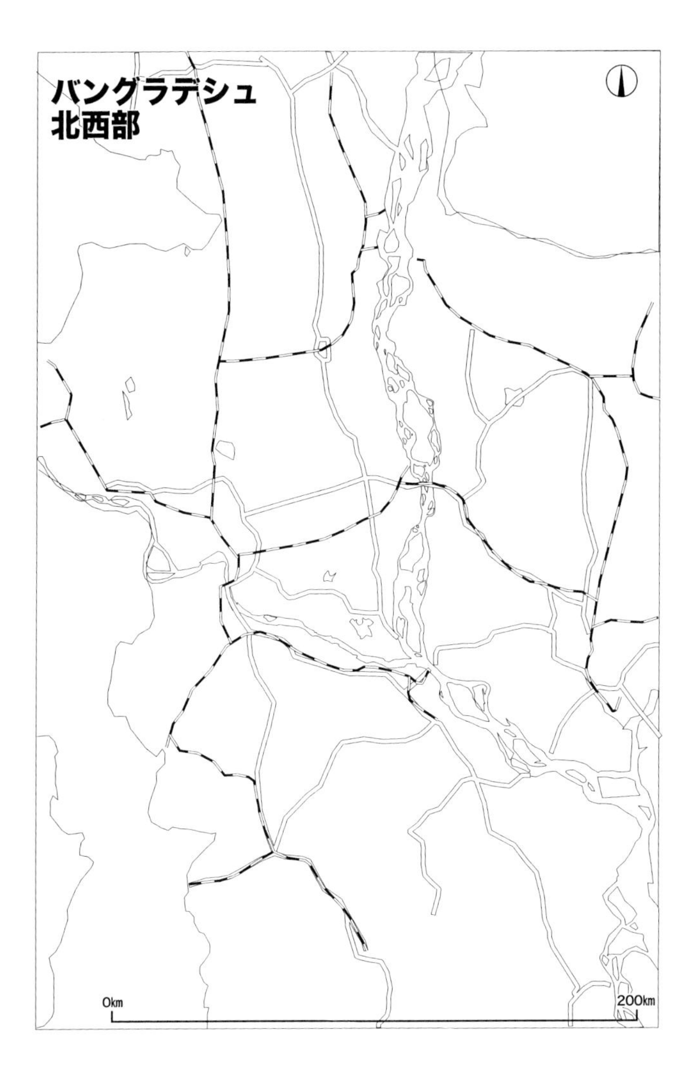
バングラデシュ
北西部
0km
200km

【白地図】ボグラ

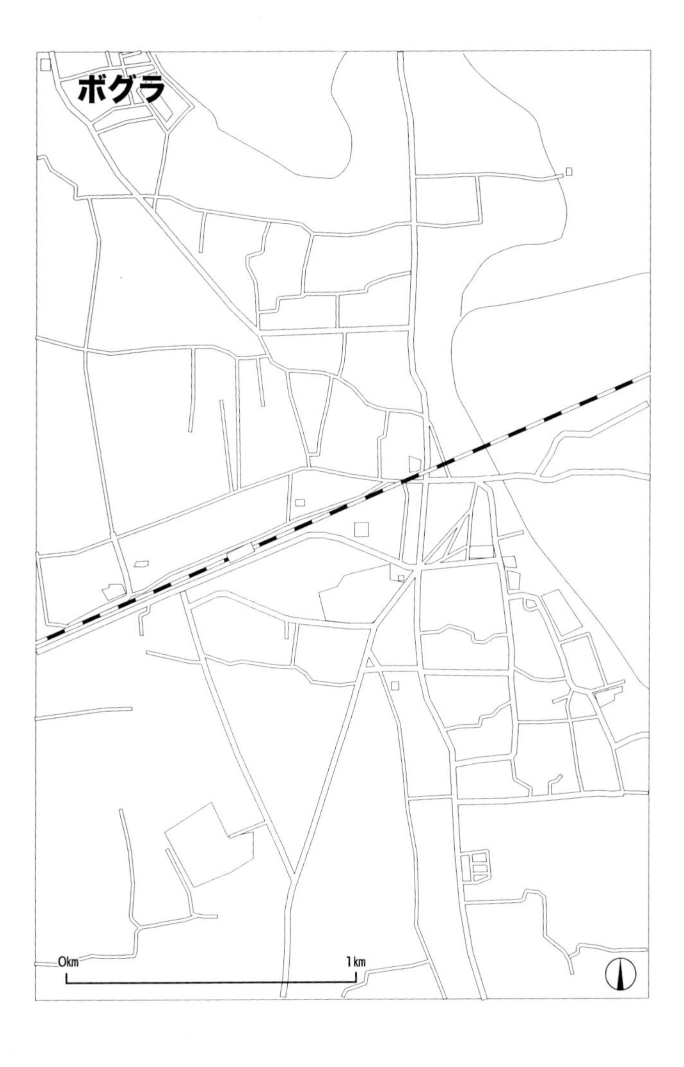
ボグラ
0km
1km

【白地図】ボグラ～モハスタン

ボグラ〜
モハスタン
0km
5km

【白地図】モハスタン

モハスタン
0km
1km

【白地図】ゴクル・メッド

ゴクル・メッド

【まちごとアジア】

バングラデシュ 001 はじめてのバングラデシュ

バングラデシュ 002 ダッカ

バングラデシュ 003 バゲルハット（クルナ）

バングラデシュ 004 シュンドルボン

バングラデシュ 005 プティア

バングラデシュ 006 モハスタン（ボグラ）

バングラデシュ 007 パハルプール

バングラデシュ北西部の要衝ボグラの北 15kmに位置する都市遺跡モハスタン。モハスタンとは「偉大なる地」を意味し、この地では紀元前 3 世紀ごろから人々が生活を営みがあった。確認できるベンガル最古の都市となっていて、13 世紀のセーナ朝時代にガウルに都が遷されるまで北ベンガル最大の都市だったという。

雨季には国土の半分以上が水没し、毎年のように地形が変化するバングラデシュでは、古い建物や遺構の保存がきわめて難しい状態にあった。そのようななかモハスタンは台地上

モハスタン Mahasthan মহাস্থান

に位置するところから、洪水の影響をあまり受けず、紀元前の遺構が現在まで残されることになった。

かつてプンドラナガラと呼ばれたこの地からはグプタ朝時代（4～6世紀）の石柱やテラコッタ象が出土し、7世紀には中国から仏典を求めてインドを旅した玄奘三蔵も訪れている。玄奘三蔵の時代には仏教が大いに栄えていたらしいが、現在は荒廃し、のんびりとした農村風景に遺構が点在している。

【まちごとアジア】

バングラデシュ 006 モハスタン

目次

【MEMO】

【地図】バングラデシュ

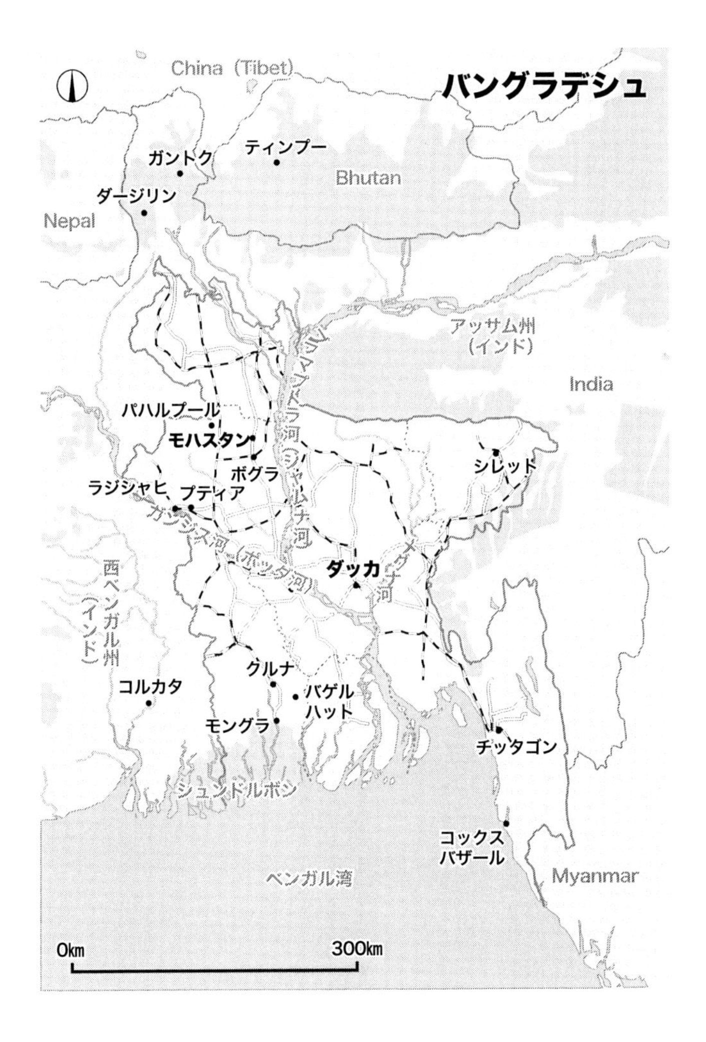
バングラデシュ
China（Tibet）
ガントク
ティンプー
Bhutan
ダージリン
Nepal
アッサム州
（インド）
India
パハルプール
モハスタン
ボグラ
シレット
ラジシャヒ、
プティア
ダッカ
西ベンガル州
（インド）
クルナ
コルカタ
バゲル
ハット
モングラ
チッタゴン
シュンドルボン
コックス
バザール
ベンガル湾
Myanmar
0km
300km

ASIA
バングラ

バングラの古代史を探る

13世紀にイスラム勢力がベンガル地方を征服する以前
この地には1000年以上続く長い歴史があった
仏教やヒンドゥー教など多様な足跡を今に伝える

最古の都市遺跡

紀元前6世紀ごろには北インドに16の大国が形成され、商業活動が行なわれていたと仏典は記している。ベンガル地方へのインド文明の伝播は早くなかったが、この地では紀元前から人類の足跡が認められ、平地にドラヴィダ系の人々、丘陵地にチベット・ビルマ系の人々が暮らしていた（ベンガル人は、両者が混血してできあがったとされる）。史料のほとんど残っていない時代、いくつかの地方領主がベンガルをおさめていたと考えられるが、ガンジス河中流域にマウリヤ朝（紀元前3世紀）やグプタ朝（4～6世紀）などの強い王権が成立すると、その勢力下に入っていた。モハスタンの遺跡からはグプタ朝時代の碑文のほか、当時の綿織物や装飾品も出土している。

玄奘三蔵が残した足跡

7世紀の中国（唐の時代)、玄奘三蔵は仏典を求めて西域へ旅立ち、中央アジアからインドへ入国した。玄奘三蔵の目的はナーランダの仏教大学で学問を修めることにあったが、しばらくナーランダで学んだ後、東へ足を進め、638年にバングラデシュのモハスタンにも訪れている。「国の大都城は周囲三十余里あり、住民は多い。池に臨む館と花咲く林とはしばしば交錯している。土地は低湿で、農業は盛大である」とモハスタンこと奔那伐弾那国（プンナヴァツダナ）について記していて、7世紀、この地はインドのナーランダにおとらないほど仏教が栄えていたという。玄奘三蔵はこのモハスタンのほかにもバシュ・ビハール（モハスタン北西）、モイナモティなどバングラデシュの街を訪ねている。

▲左　1000 年以上昔、北ベンガル随一のにぎわいを見せていたという。
▲右　イスラム教伝来以前の都市遺跡モハスタンゴル

パーラ朝とセーナ朝

8～12 世紀にかけて、ベンガル地方を拠点にガンジス河中流域にまで勢力を伸ばしたパーラ朝。パーラ朝治下ではインド仏教とベンガル地方の女神崇拝などの土着の信仰が交わり、独特の密教が信仰されていた。第 2 代ダルマパーラ王は篤く仏教に帰依し、ナーランダの改修、ヴィクラマシーラやソーマプラ（モハスタン北西に位置するパハルプール）などの仏教僧院を建立した。パーラ朝は 400 年続いたあと、ヒンドゥー教を保護するセーナ朝にとって代わられたが、両王朝の統治下で仏教やヒンドゥー教が栄えていた。モハスタンはパーラ朝時代を通じて繁栄をきわめていたが、セーナ朝時代にベンガルの首都がガウルに遷された。やがて13世紀初頭にイスラム勢力の侵入を受け、この地はイスラム化していくことになった。

【MEMO】

【地図】バングラデシュ北西部の［★★★］

□ モハスタンゴル（遺跡）Mahasthangarh

【地図】バングラデシュ北西部の［★★☆］

□ ボグラ Bogra

【地図】バングラデシュ北西部の［★☆☆］

□ ジャムナ橋 Jamuna Bridge

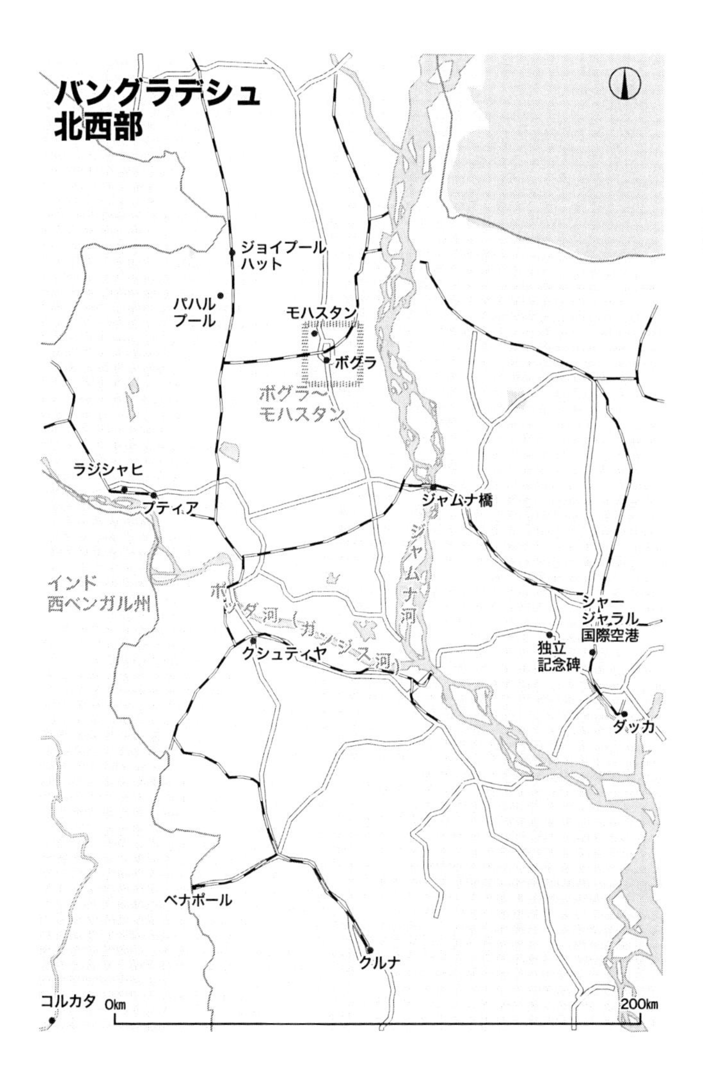
バングラデシュ
北西部
ジョイプール
ハット
パハル
プール
モハスタン
ボグラ
ボグラ～
モハスタン
ラジシャヒ
プティア
ジャムナ橋
ジャムナ河
インド
西ベンガル州
ポッダ河（ガンジス河）
クシュティヤ
シャー
ジャラル
国際空港
独立
記念碑
ダッカ
ベナポール
クルナ
コルカタ
0km
200km

【MEMO】

Guide, Bogra
ボグラ城市案内

ブラマプトラ（ジャムナ）河の西岸に位置するボグラ
バングラデシュ北西部への足がかりになる街で
ヨーグルトはボグラの名産品

ボグラ Bogra ［★★☆］

ダッカから北西に 220km、ブラマプトラ河に架かるジャムナ橋を越えたところに位置するボグラ。ここはバングラデシュ北西地域への起点となる交通の要衝で、世界遺産パハルプールや都市遺跡モハスタンへの足がかりにもなる。街はシャトマタと呼ばれる交差点を中心に広がり、商業地域、住宅地域のほかに工業地域の顔も見せている。またボグラのドイ（ヨーグルト）はバングラデシュ中に知られている（平野の多いこの国では牧草地を必要とする牧畜があまり盛んでない）。

【地図】ボグラの［★★☆］

□　ボグラ Bogra

□　ノワブチョウドリー記念博物館

Nawab Chowdhury Memorial Museum

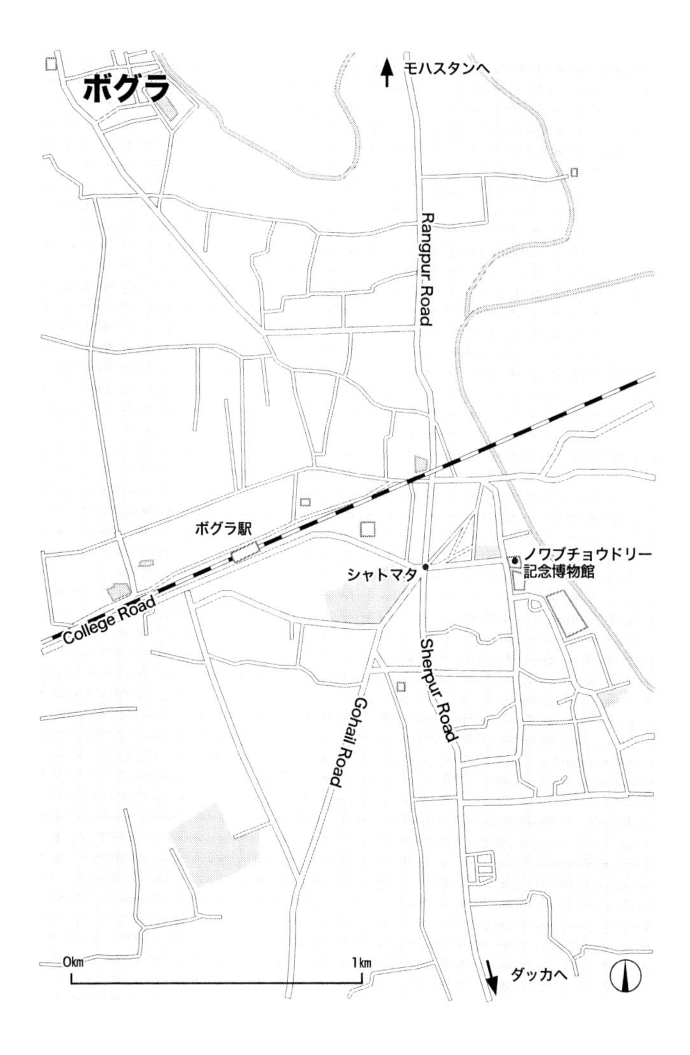
ボグラ
モハスタンへ
Rangpur Road
ボグラ駅
シャトマタ
ノワブチョウドリー
記念博物館
College Road
Sherpur Road
Gohail Road
0km
1km
ダッカへ

ノワブチョウドリー記念博物館
Nawab Chowdhury Memorial Museum［★★☆］

ノワブチョウドリー記念博物館は、20世紀以前のイギリス統治時代、ボグラの領主だったノワブ（ナワブ、太守）が暮らした邸宅を改築されたもの。調度品やノワブのコレクションが展示されていて、19世紀の地方領主の生活ぶりが再現されている。

▲左　バイクを船に載せて運ぶ、この国で橋をかけるのは大変な労力。　▲右　ボグラのもの売り、バザールにて

ジャムナ橋 Jamuna Bridge［★☆☆］

ダッカとボグラをはじめとするバングラデシュ北西部を結ぶジャムナ橋（ボンゴボンドゥー・ブリッジ）。日本も協力して架けられた橋は、長さ 4.8km幅 18.5m におよび、地盤の弱い湿地帯にあって高度な技術で建設されている。

結ばれたダッカとボグラ

バングラデシュの国土を南北につらぬくブラマプトラ（ジャムナ）河。低地の堆積平野に広がるバングラデシュにあって、岸がないこの巨大河川は毎年のように氾濫し、その東西の往来は船をもちいなければならなかった。それまでブラマプトラ河とポッダ河で北西部はダッカと隔離され、ジャムナ橋が開通するまではダッカとボグラの移動は丸１日（220km）かかるほどだった。ジャムナ橋が架かったことでバングラデシュの東西が結ばれるようになり、大量の人、ものが往来できるようになった。

【MEMO】

Guide,
Mahasthan

モハスタン鑑賞案内

周囲８kmにもおよぶ広大な城壁
イスラム侵入以前の遺跡が
畑のなかに点在する

モハスタンゴル（遺跡）Mahasthangarh［★★★］

現在は畑が広がる地域に残る、紀元前３世紀ごろの都市遺跡モハスタンゴル。この遺跡を中心にしてカラトヤ川ほとりにゴヴィンダ・ビタ寺院、ゴクルにラクシンダル・メドゥ寺院、玄奘三蔵の訪れたバシュ・ビハールなどの寺院跡や遺構がいくつも点在し、イスラム教が浸透する以前の東ベンガルの様子を今に伝えている。遺跡は基壇や城壁を残すのみだが、往時には木造の楼閣も見られたという。また魚の背中に乗ってベンガル地方へイスラム教を布教しにきたと伝えられるシャハ・スルタン廟もあり、仏教、ヒンドゥー教、イスラム教へ

【地図】ボグラ～モハスタンの［★★★］

- □ モハスタンゴル（遺跡）Mahasthangarh

【地図】ボグラ～モハスタンの［★★☆］

- □ ゴクル・メッド Gokul Medh
- □ ボグラ Bogra

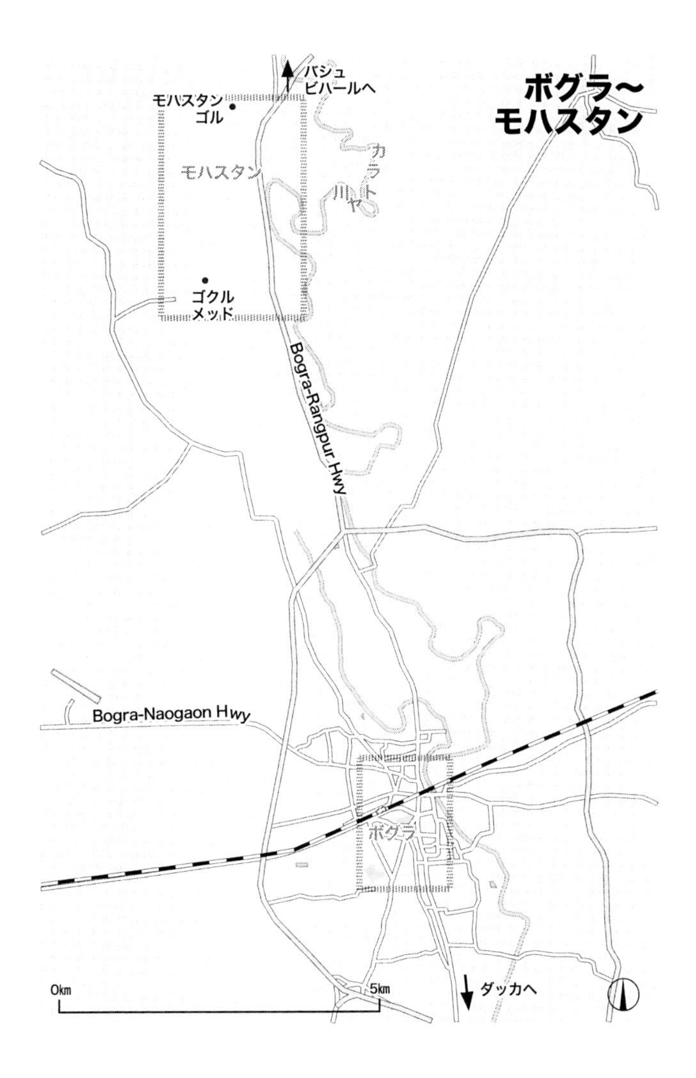
ボグラ〜
モハスタン
バシュ
ビハールへ
モハスタン
ゴル
モハスタン
カラトヤ川
ゴクル
メッド
Bogra-Rangpur Hwy
Bogra-Naogaon Hwy
ボグラ
0km
5km
ダッカへ

【地図】モハスタンの［★★★］

□　モハスタンゴル（遺跡）Mahasthangarh

【地図】モハスタンの［★★☆］

□　ゴクル・メッド Gokul Medh

【地図】モハスタンの［★☆☆］

□　城壁 Citadel

□　ゴヴィンダ・ビータ寺院 Govinda Bhita Mandir

□　モハスタン博物館 Mahasthan Museum

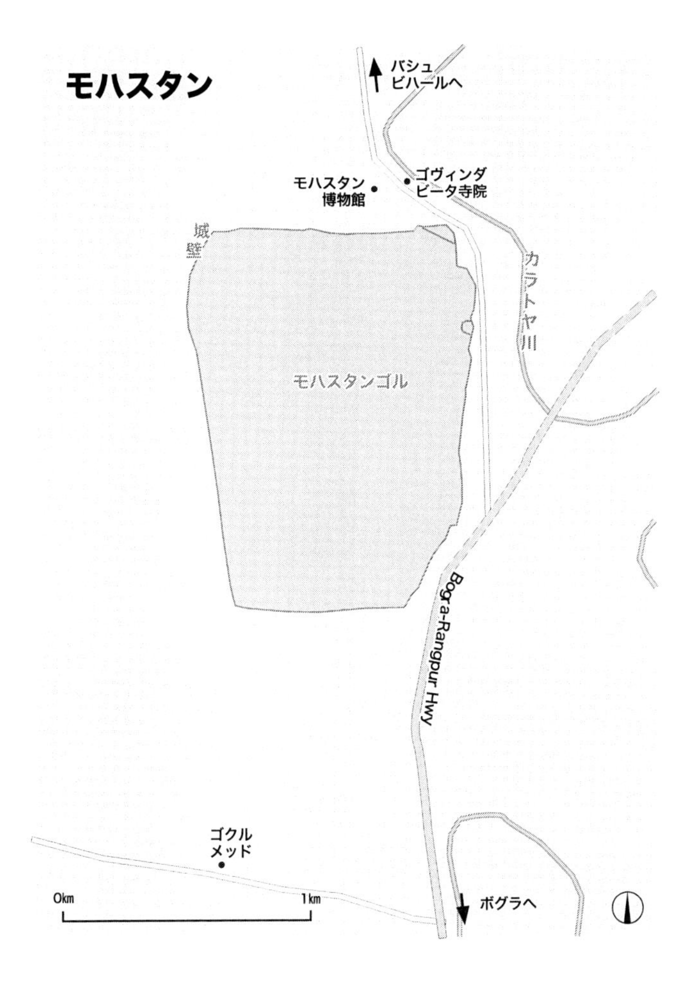
モハスタン
バシュ
ビハールへ
モハスタン
博物館
ゴヴィンダ
ビータ寺院
城壁
カラトヤ川
モハスタンゴル
Bogra-Rangpur Hwy
ゴクル
メッド
0km
1km
ボグラへ

と変遷していくこの地の信仰が垣間見られる。

城壁 Citadel［★☆☆］

かつてプンドラナガルと呼ばれたモハスタンをとり囲むように造営された城壁。南北 1.5km、東西 1.4kmにわたって続き、城壁の幅は 2m にもなる。広大な敷地のなかに寺院の基壇や住居跡などいくつもの遺構が残っている。

ゴヴィンダ・ビータ寺院 Govinda Bhita Mandir［★☆☆］

かつてクリシュナ神がまつられていたゴヴィンダ・ビータ寺

▲左　焼成レンガをつくる現場。　▲右　モハスタンゴルの城壁が続く

院。6世紀ごろの創建と伝えられるが、風化して基壇部分しか残っていない。

モハスタン博物館 Mahasthan Museum［★☆☆］

モハスタンゴルに付随する博物館。モハスタンから出土したパーラ朝時代のコインなどを収集し、古くは紀元前4世紀ごろにさかのぼるテラコッタ（粘土に彫刻し、焼いたもの）も見られる。

ゴクル・メッド Gokul Medh［★★☆］

モハスタンゴル南のゴクルに位置するラクシンダル・メドゥ寺院。古くはシヴァ派の寺院があったと伝えられ、7 世紀になって仏教寺院が建てられた。パーラ朝時代を通じて繁栄していたものの、現在は破壊が進み、丘状の遺構となっている。

バシュ・ビハール Vash Bihar

バシュ・ビハール（跋始婆僧伽藍）は、モハスタンゴルから北西 5㎞に位置する仏教僧院跡。638 年、玄奘三蔵はモハスタンについでこの地を訪れ、「庭園や建物は広々とし、楼閣

▲左　モハスタンゴル近くの田園にて。　▲右　遺跡には積みあげられたレンガが残る

は広壮である。僧徒は七百余人、みな大乗の教学を学習している」とその様子を記している（また冬瓜ほどの大きさの甘美な果実がとれるとも記している）。玄奘三蔵が訪れた当時はナーランダと同じ様式をもつ大きな僧院だったようで、有名な仏僧がいるほか、アショカ王のストゥーパが立っていたという。ここからグプタ朝時代のテラコッタの浮彫が出土している。

【地図】ゴクル・メッドの［★★☆］

□　ゴクル・メッド Gokul Medh

ゴクル・メッド

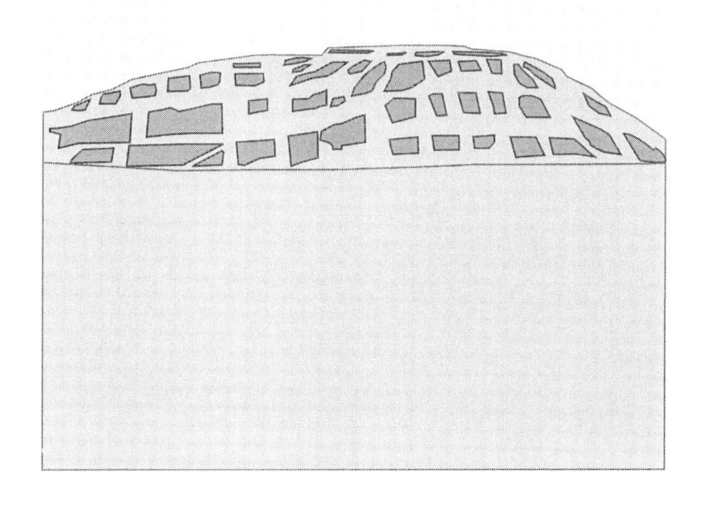

バングラデシュ発世界へ

20世紀の長いあいだ続いたバングラデシュの貧困
少額を借りて商売を行なうという方法で人々は自立し
この国の貧困は少しずつ改善されようとしている

マイクロ・ファイナンスとは

「小さな（小口）の金融」を意味するマイクロ・ファイナンス。バングラデシュでは土地をもたない農民がかなりの数いて、田植えをするために高利貸しからお金を借り、収穫時に数倍の高い利子を払わなくてはならないという状態が続いていた。このようなところからムハマド・ユヌス（のちのグラミン銀行総裁）は、5タカ程度のわずかの額を融資することで貧しい人々が自立して仕事ができるような仕組みを考えた。このマイクロ・ファイナンスが登場するまで担保のない貧しい人は銀行からお金を借りることができなかったが、実際、グラミン銀行の融資を受けた人々のほとんどがきちんと返済し、バングラデシュの貧困問題の解消へ貢献している（ユヌス氏はノーベル平和賞を受賞している）。

グラミン銀行の成功

バングラデシュではグラミン銀行やブラック（NGO）によるマイクロ・ファイナンスの牽引もあって貧困問題が少しずつ改善に向かっていて、この方法は中国、アメリカなどの先進国にも広がっている。バングラデシュには大企業が少なく、ほとんどの会社が10人以下の小規模企業であること、畜産

▲左　ドイとフルーツ、バングラデシュ人もスイーツは大好物。　▲右　勤勉さもバングラデシュ人の特徴にあげられる

や農業、加工業などの自営業のような働きかたをする人が多いことなどから、とくにマイクロ・ファイナンスが有効だったとされる。この国では買いものに出かけるのは男性で、その消費も家の近くでまかなうことが多いため、グラミン銀行（「村の銀行」を意味する）の行員は自ら村に出かけて現場を尊重するのだという。

ソーシャル・ビジネスへ

ソーシャル・ビジネスという考え方は、21世紀になって急速に広まってきたもので、ビジネスを利益追求のものとだけではとらえず、ビジネスを通じて貧困や環境問題の解決を目指そうとする。グラミン銀行がその代表的な存在とされているが、ボグラではヨーロッパのメーカーとグラミン銀行がくみ、安くて健康的なヨーグルトの生産を行なっている。こうしたソーシャル・ビジネスを通じて、安い値段で子どもにタンパク質、鉄、ビタミンなどの栄養分が行き渡るようになり、一方、企業にとっては子どものときに親しんだヨーグルトを大人になっても愛用してもらえるというメリットがあるという。

参考文献

『救おう！バングラデシュの文化遺産』（石澤良昭 / ユネスコ・アジア文化センター）

『黄金のベンガル』（ユネスコ・アジア文化センター）

『封印された三蔵法師の謎』（テレビ東京 / 日本経済新聞社）

『大唐西域記』（玄奘三蔵 / 平凡社）

『世界地理 4 南アジア』（織田武雄 / 朝倉書店）

『ムハマド・ユヌス自伝』（ムハマド・ユヌス / 早川書房）

『ソーシャル・ビジネス革命』（ムハマド・ユヌス / 早川書房）

『世界大百科事典』（平凡社）

まちごとパブリッシングの旅行ガイド

Machigoto INDIA , Machigoto ASIA , Machigoto CHINA

【北インド - まちごとインド】

001 はじめての北インド
002 はじめてのデリー
003 オールド・デリー
004 ニュー・デリー
005 南デリー
012 アーグラ
013 ファテープル・シークリー
014 バラナシ
015 サールナート
022 カージュラホ
032 アムリトサル

【西インド - まちごとインド】

001 はじめてのラジャスタン
002 ジャイプル
003 ジョードプル
004 ジャイサルメール
005 ウダイプル
006 アジメール（プシュカル）
007 ビカネール
008 シェカワティ
011 はじめてのマハラシュトラ
012 ムンバイ
013 プネー
014 アウランガバード
015 エローラ
016 アジャンタ
021 はじめてのグジャラート
022 アーメダバード
023 ヴァドダラー（チャンパネール）
024 ブジ（カッチ地方）

【東インド - まちごとインド】

002 コルカタ
012 ブッダガヤ

【南インド - まちごとインド】

001 はじめてのタミルナードゥ
002 チェンナイ
003 カーンチプラム
004 マハーバリプラム
005 タンジャヴール
006 クンバコナムとカーヴェリー・デルタ
007 ティルチラパッリ
008 マドゥライ
009 ラーメシュワラム
010 カニャークマリ
021 はじめてのケーララ
022 ティルヴァナンタプラム
023 バックウォーター（コッラム〜アラップーザ）
024 コーチ（コーチン）
025 トリシュール

【ネパール - まちごとアジア】

001 はじめてのカトマンズ
002 カトマンズ
003 スワヤンブナート

004 パタン
005 バクタプル
006 ポカラ
007 ルンビニ
008 チトワン国立公園

【バングラデシュ - まちごとアジア】

001 はじめてのバングラデシュ
002 ダッカ
003 バゲルハット（クルナ）
004 シュンドルボン
005 プティア
006 モハスタン（ボグラ）
007 パハルプール

【パキスタン - まちごとアジア】

002 フンザ
003 ギルギット（KKH）
004 ラホール
005 ハラッパ
006 ムルタン

【イラン - まちごとアジア】

001 はじめてのイラン
002 テヘラン
003 イスファハン
004 シーラーズ
005 ペルセポリス
006 パサルガダエ（ナグシェ・ロスタム）
007 ヤズド
008 チョガ・ザンビル（アフヴァーズ）
009 タブリーズ
010 アルダビール

【北京 - まちごとチャイナ】

001 はじめての北京
002 故宮（天安門広場）
003 胡同と旧皇城
004 天壇と旧崇文区
005 瑠璃廠と旧宣武区
006 王府井と市街東部
007 北京動物園と市街西部
008 頤和園と西山
009 盧溝橋と周口店
010 万里の長城と明十三陵

【天津 - まちごとチャイナ】

001 はじめての天津
002 天津市街
003 浜海新区と市街南部
004 薊県と清東陵

【上海 - まちごとチャイナ】

001 はじめての上海
002 浦東新区
003 外灘と南京東路
004 淮海路と市街西部
005 虹口と市街北部
006 上海郊外（龍華・七宝・松江・嘉定）
007 水郷地帯（朱家角・周荘・同里・甪直）

【河北省 - まちごとチャイナ】

001 はじめての河北省
002 石家荘
003 秦皇島
004 承徳
005 張家口
006 保定
007 邯鄲

【江蘇省 - まちごとチャイナ】

001 はじめての江蘇省
002 はじめての蘇州
003 蘇州旧城
004 蘇州郊外と開発区
005 無錫
006 揚州
007 鎮江
008 はじめての南京
009 南京旧城
010 南京紫金山と下関
011 雨花台と南京郊外・開発区
012 徐州

【浙江省 - まちごとチャイナ】

001 はじめての浙江省
002 はじめての杭州
003 西湖と山林杭州
004 杭州旧城と開発区
005 紹興
006 はじめての寧波
007 寧波旧城
008 寧波郊外と開発区
009 普陀山
010 天台山
011 温州

【福建省 - まちごとチャイナ】

001 はじめての福建省
002 はじめての福州
003 福州旧城
004 福州郊外と開発区
005 武夷山
006 泉州
007 厦門
008 客家土楼

【広東省 - まちごとチャイナ】

001 はじめての広東省
002 はじめての広州
003 広州古城
004 天河と広州郊外
005 深圳（深セン）
006 東莞
007 開平（江門）
008 韶関
009 はじめての潮汕
010 潮州
011 汕頭

【遼寧省 - まちごとチャイナ】

001 はじめての遼寧省
002 はじめての大連
003 大連市街
004 旅順
005 金州新区

006 はじめての瀋陽
007 瀋陽故宮と旧市街
008 瀋陽駅と市街地
009 北陵と瀋陽郊外
010 撫順

【重慶 - まちごとチャイナ】

001 はじめての重慶
002 重慶市街
003 三峡下り（重慶～宜昌）
004 大足

【香港 - まちごとチャイナ】

001 はじめての香港
002 中環と香港島北岸
003 上環と香港島南岸
004 尖沙咀と九龍市街
005 九龍城と九龍郊外
006 新界
007 ランタオ島と島嶼部

【マカオ - まちごとチャイナ】

001 はじめてのマカオ
002 セナド広場とマカオ中心部
003 媽閣廟とマカオ半島南部
004 東望洋山とマカオ半島北部
005 新口岸とタイパ・コロアン

【Juo-Mujin（電子書籍のみ）】

Juo-Mujin 香港縦横無尽
Juo-Mujin 北京縦横無尽
Juo-Mujin 上海縦横無尽

【自力旅游中国 Tabisuru CHINA】

001 バスに揺られて「自力で長城」
002 バスに揺られて「自力で石家荘」
003 バスに揺られて「自力で承徳」
004 船に揺られて「自力で普陀山」
005 バスに揺られて「自力で天台山」
006 バスに揺られて「自力で秦皇島」
007 バスに揺られて「自力で張家口」
008 バスに揺られて「自力で邯鄲」
009 バスに揺られて「自力で保定」
010 バスに揺られて「自力で清東陵」
011 バスに揺られて「自力で潮州」
012 バスに揺られて「自力で汕頭」
013 バスに揺られて「自力で温州」

【車輪はつばさ】
南インドのアイ
ラヴァテシュワラ
寺院には建築本体
に車輪がついていて
寺院に乗った神さまが
人びとの想いを運ぶと言います。

・本書はオンデマンド印刷で作成されています。
・本書の内容に関するご意見、お問い合わせは、発行元の
まちごとパブリッシング info@machigotopub.com までお願いします。

まちごとアジア
バングラデシュ006モハスタン（ボグラ）
～「イスラム以前」を訪ねて［モノクロノートブック版］

2017年11月14日　発行

著　者　「アジア城市（まち）案内」制作委員会
発行者　赤松　耕次
発行所　まちごとパブリッシング株式会社
〒181-0013　東京都三鷹市下連雀4-4-36
URL　http://www.machigotopub.com/
発売元　株式会社デジタルパブリッシングサービス
〒162-0812　東京都新宿区西五軒町11-13
清水ビル3F
印刷・製本　株式会社デジタルパブリッシングサービス
URL　http://www.d-pub.co.jp/

MP070

ISBN978-4-86143-204-0 C0326　Printed in Japan